004

008

宗谷本線 C55
「最果て行」旅客列車

012

「最果て行」のC55
■ 宗谷本線 旭川〜稚内

　北海道、それも最北の地を目指す宗谷本線は独特の景色のなかを走る。さすがに冬に訪問する勇気もなく、雪のなくなるのを待って、春に、夏に訪問することが多かった。

　函館〜旭川間の函館本線に接続し、旭川から最北の駅、稚内まで259.4kmの路線。宗谷本線とはいうものの「本線」とは名ばかり、ほぼ全線単線、時刻表でも上り下り合わせても見開き2ページで足りてしまうような路線である。

　旧くは1898（明治31）年8月、北海道官設鉄道によって旭川〜永山間が開通したのを皮切りに、四半世紀の工事期間を経て1922（大正11）年11月に稚内まで線路が到達。北海道を縦貫する路線の一端を担うというだけでなく、一時期は樺太への動脈としての役をも果たした。鉄道全盛の時代には、宗谷本線を軸にいくつもの支線が枝分かれしていたが、いまではすべてが廃線となっているばかりか、宗谷本線自体も存続が検討されているほどだ。

　1960年代末頃は、ディーゼルカーとともに1往復の普通旅客列車が残されており、全線8時間ほどの道のりを追い掛けたりした。

札幌に次ぐ北海道第二の街である旭川は、函館本線の終着駅であると同時に、宗谷本線の起点でもある。ほかに東方に伸びる石北本線、ローカル線である富良野線が枝分かれしている。その当時の旭川機関区には、C55のほか9600型とD51型が配置されており、石北本線のC58型も顔を見せている、といったようすであった。

最果ての街、稚内を目指して走るC55型牽引の321レ「最果て行」が被写体になってくれる列車である。ほとんど宗谷本線に沿って走る国道40号線を中心に、ところどころで脇道に入って線路端に立つ。321レは10時38分に旭川を出て、終着に稚内着くのは18時57分。平均時速にすると31.2km/h。途中駅ではけっこう長時間停車の駅もあり、クルマでは余裕を以って追い掛けることができる。

幾度か訪問したのだが、一度など、できるだけ列車とシンクロして走ってみようとしたことがある。そのときのメモを見ると、撮影したポイントがズラリと並べられている。南比布、塩狩、和寒、東風連〜名寄、風連（C5530：322レ）、美深〜初野、恩根内発車、咲来〜音威子府、音威子府、音〜筬島（天塩川向こう）、併走、天塩中川9600、下沼発車水芭蕉、下沼〜豊富、9600と徳満交換、徳満発車、抜海… 日暮れ時刻の早い北海道では、もう終着は真っ暗な闇のなか、である。

旭川を出た列車が新旭川で石北本線と分かれ、永山〜北永山間で石狩川とその支流を渡った先、ようやく市街地が終わったところから撮影のスタート、そんな感じだった。

さすがは広大な北海道、都市部分を過ぎてしまうと、広く両側が見渡せるスケールの大きな景観に躍り出る。見渡す限り平原というようななかを、蒸気機関車だけが生きものであるかのように駆けていくのは、北海道における鉄道シーンの醍醐味、というものである。

● 「塩狩峠越え」

旭川を出て1時間とちょっと、30km足らずの場所、想像するより遥かに早くに宗谷本線の最大の撮影ポイントたる「塩狩峠越え」を迎える。蘭留駅から塩狩駅に向けて18.5‰の上り勾配、塩狩から次の和寒駅には下り20.0‰勾配と、文字通り峠越え、になる。DD51型の補機が就いたりすることもあった。もちろん、追いかけている321レ、下り列車の場合は蘭留〜塩狩間が力闘の期待できるポイントになる。

熊笹が茂り、白樺が立つ向こうの勾配をC5550が力行してくる。客車4輌とはいえ、晩年の旅客用蒸気機関車には連続する上り勾配は厳しいのだろう。力を緩めることなく、ドラフト音を響かせながら通り過ぎていった。

　塩狩峠の先、和寒駅で321レに追いついた。もう、ほぼ平坦で真っすぐな、いってみれば北海道らしい線路になっている。少しずつ遠ざかって、駅がやっと見えるかどうか、というようなところでカメラを構えた。
　直線で見通しの効く線路では、遠くからやってくる機関車をワンカット長回し、ずーっとで眺めていたい、そんな気持ちになったからだ。遠くで煙が上がってから真近かにやってくるまで、期待通りのシーンが展開されたのだった。

● **名寄で322レと交換**

　321列車は名寄で稚内からやってきた上り322レと交換する。321レは14分、322レは15分の停車だ。その間に給水等も行なわれるのだが、クルマでの撮影行では情景のなかでの写真中心で、なかなか駅に立ち寄って… というのは苦手だ。

　ちょっと先回りして名寄〜風連間で322レを撮影した。この日の322レはC5530の牽引だった。

　ご存知のように「流改機」と呼ばれる、もと流線型蒸気機関車を改装したもの。屋根の深いドア付のキャブが特徴だ。白状すれば、どうも晩年の密閉式キャブや切り詰めデフなど、いわゆる「北海道仕様」は好きになれない。北海道では断然「流改機」が好みだった。

　とりあえずこの日はC5530は見送って、ふたたびC5550の321レを追い掛けていく。

● **北海道の印象的な情景**

　ふと立ち寄った線路の先は、珍しく小さなＳカーヴを描いている。しかも緩やかな勾配付で。ちょっとここでも一枚写真を撮っておきたくなった。まだまだこの先、いろいろな情景に出くわす筈だ。ここでもひとつ、というのも悪くあるまい。

　前ページの写真である。遠くに見えるのは跨線橋か。駅を発車して途中の踏切を越えてやってくる。ダートなのだろうか、土埃をあげながらピックアップ・トラックがやってきた。踏切の警報機が鳴っている。こんなところで踏切待ちなんて、むしろ滅多とない幸運、というようなものだ。

　駅を発車してここでもワンシーンの長回しが楽しめた。一直線ではなく少しカーヴを描きながらゆっくり走ってきて、通り過ぎていく321レ。

　長い踏切待ちののち、列車が通り過ぎるや、ピックアップ・トラックはふたたび土埃とともに速度を速めていった。

　このあたり、空知地方はソバの産地のひとつだという。季節にはソバの花が、畑だけでなく自生していたりする。至るところに生えている水芭蕉に感動していたが、北海道、特にこの地方はどこまでも自然が残っているのだった。

　右の写真は下沼〜豊富間、前ページは日進発車。

● 天塩川に沿って

　音威子府を出て、筬島の付近から天塩川に沿って川向こうを道路と並行して走る。列車からもゆったりと流れゆく川面を見ながらの車窓になる。天塩中川まではべったり沿い、その後は付かず離れずで幌延近くまで川沿いの車窓がつづく。

　サイドから見るC55型蒸気機関車は、やはりC57型とは似て非なるものだ、とつくづく感じさせられる。「ウェップ式」になっているとはいえ、スポーク動輪の繊細さは、陽があたった順光でもシルエットになった逆光でも、美しさをみせつける。

　それにしても川向こうの「シゴゴ」は、まるで模型列車のように変わらぬ速度で淡々と走り抜けていく。客車4輛はいささか物足りない編成だが、考えてみればそれがいっそう模型のように見せているのかもしれなかった。

　たっぷりとした水量の天塩川、短い夏を楽しむかのように窓を開け放って走る客車列車。考えてみれば蒸気機関車だけでなく、こうした客車もことごとく姿を消してしまっている。これもまた佳き時代の名残りのシーンというものになってしまった。

　徳満駅で9600の牽く1354レ貨物列車と交換した。北の海で採れた魚を積んでいるのだろうか、冷蔵車が繋がる白い貨車を牽くのは9600。どこまで運ぶのだろう。
　321レから降りたけっこうな数の乗客は、一部がさっさと機関車の前を横切って改札口に急ぎ、残ったなん人かは、ホームで貨物列車が通過し、321レが発車するまで待っている。まったくいつもの情景なのだろう、特に焦る風もなく…

　旭川を出てからすでに7時間。果たして通して乗っている乗客などいるのだろうか。夏とはいえ、そろそろ日暮れが近づいてくる時間だ。もうひと頑張り、C55は最終コースに向けて走り出すのだった。

左はお気に入りの写真のひとつ。もう光は黄色くなってしまっている。どこだろう、場所も定かではないのだが、シルエットが撮れそうなポイントで列車を待った。手前の牧草は綺麗に刈られ、いくつもの山に積まれている。向こう側の部分では作業中の人影が。
　それを見守っているうちに、向こうから列車がやってきた。一瞬、スポーク動輪がシルエットになった、それを逃さずシャッターを切る。満足の手応えに、この先どこまで明るさが残っているか、とにもかくにも泊地は稚内と決めている。列車と歩調を合わせながら、北を目指す。
　右の写真は、その前に撮った「ソバの花咲く情景」。北限は音威子府辺りといわれるが、自生なのか、ソバの白い花が群生しているのに幾度か出遇った。

　地面が丈の低い緑色の牧草で覆われる時間がつづいたと思ったら、とうとうそれもなくなってしまった。ところどころに笹の葉はあるものの、もはや植物の存在をも許さない北の大地。そんな印象で見上げたのは抜海の近く。遥か上を線路が走っている。

　やってきたC55の牽く列車。海から吹き上げる風で、煙の方が先に進んでしまっている。なんという情景。思わずことばを失って温暖の地からやってきた旅人は、ただただその情景を見上げるだけだった。最果て近し、その厳しさが伝わってくる。終着はすっかり闇のなかだった。

特集 1-2

旭川機関区の C55
北海道の「シゴゴ」

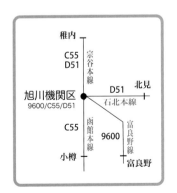

C55型

「最後のスポーク大動輪」が特徴のC55型は1935～37年に62輌がつくられた。最後のC5563として予定されていたものがC57型に改称されたことでも知られる。C5520～40はデビュウ当初は流線型機関車として人気。晩年、北海道のC55型は旭川区に集結、宗谷本線、函館本線などで活躍。

　最果ての稚内にも機関区はあるけれど、そこは9600型ばかりが10輌ほど。321レをはじめ旅客列車用のC55型は旭川機関区の配属であった。
　蒸気機関車の晩年、すでにC51型が消滅した後は、唯一のφ1750のスポーク動輪の機関車としてC55型は人気を集めていた。1937年にボックス動輪を持つC57型にモデルチェンジするまで62輌がつくられた。そのうちの21輌、C5520～40は当時の世界的流行に乗って流線型蒸気機関車として完成したのが特徴的であった。
　C57型が全国的に活躍していたのに対し、晩年のC55型は北海道と九州、それに播但線に集結していた。いち早く播但線がC57型に置き換わり、その後は北と南に分かれた形になる。
　北海道のC55型は室蘭区、旭川区を中心に、最終的には旭川に集結した。

　そのなかにはトップナンバー機もいて注目を浴びていたが、残念ながら遭遇できたのは「梅小路蒸気機関車館」に保存されたのち、であった。
　流線型は戦後になって普通型に近く改装「流改機」と呼ばれたりするが、キャブの屋根が深く、扉付であるなどのちがいが残る。北海道の蒸気機関車の多くは最晩年、耐寒耐雪のためにデフレクターを切詰め、キャブにドアを設けるなどの改造を受ける。
　C55型についてはデフはそのままだったが、キャブは改造を受け、小生を含め機関車好きには不細工な改造を嘆く声が多かった。C55型などスマート繊細が売りものの機関車だけに、その美しさを半減したようなものであった。したがって、北海道では残っていた流線型改装の「流改機」が人気であったりした。
　最終期の旭川区のC55を並べよう。

C55 1

1935年3月、川崎車両製、製番1538。製造当初小樽築港区、1947年9月に旭川区に移動。その後、室蘭区に移動するが1968年9月、ふたたび旭川区に。1972年から「梅小路蒸気機関車館」で保存。廃車は1979年3月。

C5516

1935年11月、川崎車両製、製番1585。1939年4月に名古屋区から小樽築港区に移動。その後、道内を移動し最終的に旭川区で1969年10月、廃車。

C5517

1935年10月、川崎車両製、製番1586。1940年9月に静岡区から旭川区に移動してきた。フロントデッキのステップが前梁に付くなど、北海道のC55型に共通する改装を受ける。1968年10月、廃車。

C5530

1926年3月、川崎車両製、製番1637。製造当初の流線型時代から北海道は小樽築港区に配属。戦後、普通型に改装され、1955年5月に旭川区に移動する。その後、いち時室蘭区に移るが1968年10月に戻り、最終的に旭川区で1975年2月、廃車。

C5542

1937年2月、川崎車両製、製番1755。名古屋区→浜松区と移動した後、静岡区から1940年9月に小樽築港区に移動。その後、1947年9月に旭川区に転属し、1965年9月に苗穂区に移動、1968年9月、廃車。

C5547

1937年2月、川崎車両製、製番1760。1950年9月に会津若松区から旭川区に移動してきた。1973年11月、廃車になった。

C5548

1937年2月、川崎車両製、製番1761。青森区→会津若松区と移動後、最終的には1950年10月、旭川区に。1968年10月、旭川区で廃車。

C5549

1937年3月、汽車会社製、製番1457。1950年9月に会津若松区から旭川区に移動。その後、1972年3月、廃車になる。いち時稚内市で保存されるも塩害で1996年10月解体。

C5550

1937年3月、汽車会社製、製番1458。初配置区は仙台区。1950年10月に会津若松区から旭川区に移動。その後、ずっと旭川区で1974年11月、廃車。「小樽市総合博物館」で保存。

C5559

1937年3月、川崎車輛製、製番1767。新製当初は小樽築港区配属。1948年1月に旭川区に転属。その後、ずっと旭川区で1968年10月、廃車。

特集 2

北海道 最後の
D50 を追う
消えゆく「デゴマル」

● 鷲別で初見参、北海道のD50

　初めて北海道に行ったのは、大学に入る前の春休みだった。もちろん、待ってましたというような「天国」北海道だから、行きたいところのリストはあれこれ山のよう。限られた日程でどこを回るか、時刻表と首っ引きで出発前から嬉しい悲鳴の呈なのであった。

　「C62重連」、いくつかの運炭鉄道、それとともに機関車はD50型に焦点を当てよう、ということにした。北海道で一番早くに消えてしまいそうな機関車だったし、その頃は一輛でも多くの機関車をフィルムに収めるのが主目的だったから。

　そう、列車写真に目覚めるのは、まだ少し先のことで、それ以前にまずはひとつでも多くの機関車を撮影する。いや、効率的に考えてもそれしかできないような歳頃、だった。

　北海道には北海道でしか見られない車輌がある。小樽〜札幌間で道内初の電化が完成し、新しい電車や電気機関車も登場していた。基本は蒸気機関車だが、そうした車輌にも興味がなかったわけではないから、欲張りプランはきりがなかった。

　閑話休題、とりあえずD50型と決めて、長万部から鷲別機関区を訪れることにした。普通だったらあまり目的地にはならないであろう鷲別などというところを目指したのは、もちろんD50型がいたからにほかならない。

　鷲別は、駅から機関区まで結構な距離があった。往きの列車のなかから機関区を見付けて、ここだ、と解っていたのだが、機関区を通り過ぎても列車はなかなか駅に着かない。ようやく停車した駅から、カメラバッグを抱えて結構な道のりを歩いて機関区に辿り着いたのを憶えている。

　機関庫の前にお目当てのD50187が留置されていた。すでに火は落とされ、場所も決して撮影にいい、とはいえなかったのだが、真近かで見るD50はとなりのD51などと較べるとひと回り以上の存在感を以って迫ってくる印象、であった。しばらく釘付けになってシャッターを押していた。

D50187

1927年3月、日本車輛製、製番175。9900型19986として製造。名古屋地区で使用後1955年に北海道へ。晩年は鷲別区にあって運炭列車などで活躍。1968年2月、廃車になっているから、その直後の姿。

● 追分で生きた D50 に遭遇

　鷲別区から苫小牧、栗山、札幌などを回って、その日は追分に宿泊する予定だった。もちろん、追分機関区があって、そこには「デゴマル」が残っている、それが目的、であった。

　追分区というと、のちのち「最後の蒸気機関車」がいたことで、話題になったことが思い起こされるが、その当時はたくさんの蒸機が配置されている大きないち機関区、というだけの認識であった。そこには9600型、D50型、D51型、あわせて30輌近い機関車が所属していた。

　散々歩き回って夕刻に追分に着いた。陽も暮れかかってはいたのだが、まずは機関区を見ておきたい。その時である、次ページ写真の給炭台の脇に佇むD50230を見付けた。やわらかい光のなかで、蒸気がまとわりついているのは「生きている」シルシ、である。明日、もう一度出直してくればいい、ワンカットだけ撮ってその日は駅前の安宿に投宿した。

　明けて翌朝、D50230は扇形庫のなかで待機、という風であった。じつはその月の末で廃車宣言が下される。ひょっとすると、きのうは最後の仕業であったかもしれない。そんなことをあとから知るにつけ、もっと詳しく観察しておけばよかった、と思ったりするのだが、その時は見るべきものが多過ぎて精一杯。もうすでに、待ってはくれない時間を追いかけて、駆け足状態だったのを思い出す。

D50230

1927年12月、日立製作所製、製番278。29929として製造。1954年8月に尻内区から追分区に移動。1968年3月、廃車になっているから、その直前の姿。

D5025

1924年9月、川崎造船所製、製番1014。D50型に改称前、9900型9924として製造。1954年10月に盛岡区から岩見沢区に移動。その後旭川→追分区と転属し、1968年9月、廃車。北見市三治公園に保存。

● **最若番機、D5025**

　追分区には北海道というだけでなく、わが国の「デゴマル」の最若番、D5025がいるはず、であった。それが気になっていたから、前日のD50230に、そんなにも大きな感動を受けていなかったのかも知れない。

　機関区の人に聞くと、D5025はヤードの奥に放置されている、という。すでに休車になっていたが、なんでも保存のために残されているのだ、と。

　歩き回ってヤードの一番奥に置かれているD5025を見付けた。キャブには「一休車」の札が入っていた。細部写真はフィルム倹約、オリンパス・ペンで撮影した。期待が大きかっただけに、少しがっかりしたこともあったのだろう。

● 岩見沢では 5 輌の D50

　北海道のみならず、全国的にみても屈指の大機関区、岩見沢区。ちょっと前の 1965 年の機関車配置表で見ると 10 輌もの D50 型が配属されている。大いに期待して立ち寄ったのであるが、結論からいうと遅きに失したというべきか、それともギリギリ間に合ったと喜ぶべきか。機関庫のあちこちで留置状態にある D50 に遭遇した。

　あとから調べたら、1967 年までに 5 輌、残る 5 輌についても訪問前後にすべてに廃車宣告が出されていたのだ。残念ながら生きた D50 型には遇えなかったが、かろうじて機関庫の片隅で残っている 5 輌すべての姿を捉えることができたことになる。それは幸運だったというべきだろう。

　左の写真の D50149 の小改造された一連の二枚窓、右上の D5055 の二連窓、はたまた角張った砂箱が特徴の汽車会社製の D50286 など、ヴァリエイションを見ることができるのもちょっとした感動であった。テンダーも 12-17 型（D50149 など）と 8-20 型（D5025、D50230 など）の両方を観察できた。

　九州筑豊でも D50 型を観察したほか、二軸従台車に改造された D60 型も見ることができたが、いずれも先輪などが改装されたものであった。北海道の D50 型はまたちがった独特の風合いを感じさせてくれた。D50149 など φ940 の 9 本スポークの先従輪が残っていたりしたのは、じつに貴重なものであった。

D5055
1925年5月、川崎造船所製、製番1050。9954として製造。1955年10月に稲沢第一区から追分区に移動。その後、岩見沢区に移動して1968年3月、廃車。

D50143
1926年11月、日本車輌製、製番162。19942として製造。1947年9月に中津川区から小樽築港区に移動。その後、岩見沢区に移動して1968年3月、廃車。

D50149
1927年1月、川崎造船所製、製番1159。19948として製造。1954年7月に平区から追分区に移動。その後、岩見沢区に移動して1968年3月、廃車。

D50286

1928年9月、汽車会社製、製番1032。製造当初からD50型。1948年4月に亀山区から倶知安区に移動。その後、道内を移動し最終的に岩見沢区で1968年2月、廃車。汽車会社製の特徴である角型の砂箱を残す。

1929年7月、川崎造船所製、製番1311。1954年9月に尻内区から岩見沢区に移動。1968年3月、岩見沢区で廃車になった。

D50335

特集 3

C62 重連に乗る
「ていね」と「ニセコ」

上り 106 レ「ていね」

わが国の蒸気機関車史において、最後にして最大の「華」というべきは、やはり C62 重連をおいてはあるまい。最大の急行用旅客蒸気機関車 C62 が重連で往復した行路は、いつまでも語り継がれていくべきドラマである。

その存在を知って以来、C62 重連を見てみたい、C62 重連の牽く列車に乗ってみたい、夢見る少年が如くに、時刻表を眺めてはそのシーンを想像したりしたものだ。初めての北海道、行きたいところ、見たいものの数々は、予定ノートに書き切れないほど、であった。

そしてそれが実現したのは 1968 年 3 月。9 日間に渡る北海道撮影行の最後を小樽築港発 10 時47 分、函館着 16 時 09 分着の 106 レ急行「ていね」で締めくくろうと計画したのだ。別項最後のD50、室蘭線の D52、運炭私鉄である美唄鉄道で4110 を、夕張鉄道で自社発注機 10 型や 9600 を、それに C55 や新発見の「B6」など、もうこれでもかの満腹の収穫に、最後に飛び切りのドルチェ、というわけである。

● 小樽築港機関区の朝

もう旅も最終近く、あちこち文字通り駆け回って肉体的には疲れ果てているはずなのに、感覚的には冴え切ったまま、というような状態であった。勇躍、小樽築港の機関区を訪ねた。

ていね
105 レ、106 レ

オユ10	マニ60	スロ52	スハ45	スハ45	マシ35	スハ45	スハ45	スハ45	スハ45	スハフ44

函館～札幌（「山線」経由）

前の日、宿代わりに夜行列車を利用して早朝の札幌に到着、苗穂工場を見学して、その足で機関区を訪問した。大きな機関区である。広大なヤードでは9600がひっきりなしに往復し、活気に溢れている。

　前年の「配置表」によると52輌もの蒸気機関車が配属になっている。C62が6輌のほか、C57が16輌、貨物用機としてD51が16輌、入換え用に9600が10輌、そしてC12型3輌それにB20 1がいた。

　C62の前に、大きなプレゼントがあった。それにしても当時の国鉄のひとは温かかったというか、B20はどこでしょう、と訊ね回る鉄道好きに「それじゃあ出してやろう」と構内の機関士を呼んでくれ、庫内にいたB20を引き出してくれる、というのだ。扇形庫の一番端、25番の扉が開けられると移動機でB20が引き出されてきた。

　おお、初めて見るB20。小躍りせんばかりにカメラを持って周囲を巡り、全体像からディテール写真まで、2台のカメラを駆使して息つく暇もないほどに夢中になっていた。

「おい、もういいか？」

の声で我に返る。時間だから…

　その時間というのは、なにあろう、「ていね」のためのC62出庫の時間だったのだ。

　扇形庫がターンテーブルを囲んでいる扇形庫のほぼ真ん中、16番からC6230が後向きに姿を現わした。B20を見ていたせいもあるのだろうか、巨大なボイラー、大きな動輪… テンダーだけでもB20より遥かに大きい。ガタン、ガタンと車輪が載るたびにさすがのターンテーブルも身震いをしているようだ。

　C6230はそのまま出発前準備のために給炭台のある方へ進んでいった。そちらも気にはなるのだが、重連を組むもう1輌のC62も、どのタイミングで出庫してくるのか、待つほかはない。

　と、となりの15番から出てきたのはC62 2ではないか！ ステンレスの「つばめマーク」がデフレクターに輝く。きょうの「ていね」は幸運なことにC62 2が前補機で就く。一度はC62 2を先頭に走る姿をカメラに収めたい、と思いつつも、乗車する「ていね」がC62 2 + C6230 というのも悪い気はしない。
　急いで出発準備中のC62のもとへ向かった。

● **出発までの準備**
　この時期の北海道の蒸気機関車の多くは「三つ目」であった。正面ナンバープレート上にも1灯補助灯が付けられていた、特別な時期であった。
　それにしても蒸気機関車というものは手のかかるものだ。大量の石炭を積み込み、給炭のことを考えてしっかり均しておく。水もしっかり給水口から溢れるのを確認するまで満たす。
　機関士さんは足周りの各部をハンマーで叩きながら点検している。やおらボイラーのてっぺんに上った機関助士が器用に前方に進む。
　なにをするのかと思いきや、砂箱の砂の確認であった。それにしても地上から4mはあろうかというC62の上で、馴れているとはいえその淀みない動きには感動させられたものだ。
　やがてキャブに戻ると、重連を組んだまま前方の機回し線から本線に入って、そのまま小樽駅に

向けて回送されて行く。時計はと見るともう出発まで30分ほど。ホームに戻り、列車を待たねばならない。慌てて辿り着いたホームには、予想に反して人影がない。

　一瞬不安がよぎる間なしに、D51に牽かれて11輌編成の「ていね」が入線してきた。この年の10月の改正で小樽築港駅は通過になるのだが、この時は10時36分発、小樽まで7分のダイヤ。考えてみれば、C62重連は長万部〜小樽間だから、小樽〜札幌間は別の機関車が牽いてくる道理だが、まさかD51だとは、少し予想外れであった。

出庫前に各部の点検が忙しい。地上4mで砂箱チェック。冷気のなか蒸気が機関車にまとわりついている。

仕立てられた「C62重連」は、小樽に回送。

D51に牽かれ「ていね」が小樽築港駅到着。

　札幌～小樽間33.8km、30分あまりの仕業で、D51は解放され引き上げていき、代わりに待望のC62重連が就く。その連結風景を見守るより先に、これから函館までの5時間30分の席を確保せねば… それに、機関区を走り回って心身ともに疲労はピークといってよかった。

　後から2輛目、10号車スハ45のボックスを確保して、ようやくひと息、する間もなくギシリと音をたてて列車は走りはじめてしまっていた。

● 思い出の最上のランチ

　小樽駅到着10時43分、発車47分。その4分間にD51からC62重連へと機関車の付け替えが行なわれていた。まだようやく座席に落ち着いたばかりで、客車10輛分、つまりは200m先で行なわれているであろう儀式には、立ち会えず仕舞いであった。

　小樽を出発する。D51とは明らかにちがう出足、さすがは急客機の駿足振りをいきなり見せつけるかのようである。

　C62重連はどんな情景のなかを走って、どんな走り振りを見せてくれるのだろう。長いこと描いていた想像は、小樽を出た途端に想像を超えてしまっていた。市街地を駆け抜けていくのだが、小樽の街並が驚くほどの速度で後方に飛んでいく。家並が近い分、過ぎ去っていく速度が速い。

C62重連の迫力も凄まじく、それは、のちにここで列車通過を撮影したことで、充分堪能したりしたものだ。

　小樽から倶知安にかけて登り20‰の勾配があり、そこを越えた197キロポスト辺りでようやく落ち着きを見せる、といった具合であった。車窓も気になる、前方のC62の走りも気にはなるのだが、3月のこと、窓を全開するのは少しばかり憚られる。それよりももうひとつの計画を実施することにした。

　それは念願の食堂車でのランチ、である。「ていね」には食堂車、マシ35が組込まれているのだ。日頃から学生の貧乏旅行では駅の立喰いソバはじめ、できるだけ切り積め、その分一本でも多くのフィルムを持って行きたい、というのが常であった。しかしまあ、C62重連「ていね」は特別だ。

　有名観光地の名物料理を食するがごとき気分で、マシ35でのランチを奢ろうではないか、ということにしたのだ。それにしても、現代だったらスマホを取出して運ばれてきたランチを撮影しただろうに、残念ながら「カツライス¥350也」というメモが残っているだけだ。

　満たされた気持ちで、こののちのことは記憶が失せている。長万部13時52分着、ここでC622は切離され、「ていね」は最終コースに。

　青函連絡船6便、「第4十和田」で旅を終えた。

C62牽引「ていね」。6輛目がマシ。
この日の本務機はC6230であった。

下り 103 レ「ニセコ」

　下り、札幌に向けて山線を走る C62 重連の列車に乗った。列車名は「ニセコ」に変わり、しかもディーゼル急行を含めて、全部で 3 往復。客車列車として残っているのはそのうちの一往復、下り「ニセコ 3 号」103 レと上り「ニセコ 1 号」104 レであった。

　乗ったのは C62 重連もこの年が最後、といわれていた 1971 年の 5 月、函館から下りの「ニセコ 3 号」である。

　函館駅の 14 時 20 ～ 30 分は黄金タイムだった。3 番線ホームにはキハ 82 系の特急「北斗」、反対側の 4 番線には C62 3 が煙を上げている、夢のような情景が広がっているのだ。14 時 20 分、「北斗」発車。その 5 分後には C62 の汽笛とともに「ニセコ」もホームを離れる。

　かつて「ていね」のときとは編成も変化している。食堂車が外され、グリーン車は冷房付のスロ 62 になっている。それ以外は以前と同じくスハ 45 系を中心とした 10 輛編成。荷物車はときによってマニ 35 などちがう型式になったりする。

ニセコ 3/1 号
103 レ、104 レ

マニ60	マニ60	オユ10	マニ60	スハフ44	スロ62	スハ45	スハ45	スハ45	スハフ44

函館～札幌（「山線」経由）

C62 3牽引「ニセコ」、「藤代新線」を行く。上り線をオーヴァクロス。上はマニ室内。

● **長万部までは旅の序章**

　機関区のある五稜郭を過ぎると「藤代支線」に入る。1960年代後半に勾配緩和のためにつくられたバイパス線だ。蒸機には似つかわしくない高架線路を快走する。

　窓を開けて前方で力行するC62 3を捉えたり、最後尾に行ってマニの荷物室を覗いたり、おそらくこれが最後の乗車機会、あらゆるものをフィルムに焼き付けておきたい気持ちだった。

　森駅では有名な「いかめし」を駅弁売りから買い求め、生意気にも「時代を切り取る」などとその気になっていたものだ。時間が停まって欲しい、そんな気持ちなどとは関係なく、列車は淡々と進み長万部に着く。

　長万部着15時37分、7分停車。いうまでもなく、この7分の間に前補機が就き、お待ちかねC62重連が仕立てられる。ここまで走ってきたC62 3でも給水、石炭均し作業が行なわれ、その間に準備万端で待機していた前補機C62 2がバックでやってきて連結される。夢のようなC62重連の完成である。

森駅で名物「いかめし」、100円也。

● C62重連に乗る C62 2 → C62 3

　前ページの連結作業を跨線橋の上から撮影しつつも、気はそぞろであった。急いで機関車のもとに駆けつけねば。じつは、この日、長万部から機関車添乗が許されていたのだ。憧れのC62 2の運転台で「山線」の力闘振りを体験させてもらえる。そんな夢のような時間が待っていた。まさしく「C62重連に乗る」のである。

　長万部駅での停車時間7分は刻々と過ぎていっていた。駆け足でC62 2のもとに駆け寄り、「添乗、よろしくお願いします」と声を掛け、キャブに招き入れてもらう。

　「出発進行！」「出発進行！」

　機関士、機関助士の指差し呼唱。

　落ち着く暇もなく咆哮二声、2輌のC62は足並みを揃えて走り出した。左側に長万部の機関庫を見ながら、ドレインを切り、速度を速めていく。機関士さんはグイッとスロットル・レヴァを引きっぱなしだ。いくつかのポイントを渡り、いよいよ立ちはだかる「山線」へと分け入っていく。

　本当ならば機関士さんの一挙手一投足、カメラに収めたい、と思っていた。しかし、C62のキャブは想像以上に狭く暗い。28mmと85mmのニコン、80mmのブロニカ、それにASA100のモノクロ・フィルムとASA64のエクタクロームでは、せいぜい1/60、絞りもままならない。

ドレインを切りながら長万部構内を通過、「山線」へと分け入っていく。

071

添乗したらぜひ撮りたかったシーン。トンネルを抜けて快走する。
もちろんマニュアルフォーカス、手動巻上げのカメラで奮闘した。

ニセコ駅でD51の列車と交換。

倶知安駅到着16時20分。作業員とともに機関士さんは足周り、機関助士さんはテンダー上で忙しい。

どこを走っているのか、写真撮影に夢中で正確に知る余裕はなかった。上り勾配がつづき、C62は力行をつづける。ニセコ駅でD51の引く136レと交換、C62も停車する。初めて訪れた静寂。慣れてきてはいたけれど、いかにいままでが激しい振動のなかにいたのかが甦る。

　気がつくと、長万部出発時には14kg/cm2を指していた圧力計は6kg/cm2にまで落ちていた。

　静寂に浸る間もなく、ふたたび振動のなかに戻る。右にカーヴを切る手前で、いきなり羊蹄山が見えた。5月とはいえ北国のこと、まだ雪の模様がくっきりと見える。むかし機関士さんに聞いたことがあるが、山が見えたところで力行開始とか、左側の神社のところで制動を掛けるとか、キャブからの景色はいろいろな目安になるのだ、と。

　もっともそれも天気次第、綺麗に羊蹄山の見える今日は気持ちのいい幸運な日だったようだ。

　俱知安駅到着16時20分定刻。ホームからも羊蹄山が見える。ここで本務機C62 3に移動。

078

前補機から、本務機から、それぞれの羊蹄山。倶知安駅を挟む前後でその姿が望める。前ページ、走っているC62 2は後日撮影したものだ。
　本務機C62 3に移動して、またちがう景色を味合わせてもらう。次駅の小沢までのひと区間、夢見心地のまま、気付くと小沢駅の場内信号が見えてくる。それにしても貴重な時間、このまま時間が停まってくれたら、と幾度願ったことだろう。
　1971年の夢のような体験は終わる。小沢からは客車に移動して小樽まで旅をつづけた。

　それにしても、いまならディジタルカメラで、なんだったら固定ムーヴィも用意していたかもしれない。レンズだって超ワイドにズームが当たり前、もちろんオートフォーカスで。それらは蒸気機関車がことごとくなくなってからできた機器。恨めしく思う気持ちもあるが、それ以上に最後の蒸気機関車シーンに立ち会えた幸福を感じ入る。
　C62は思った以上に乗り心地が良かった。重量がキャブのなかでも感じられた。しかし、ブレーキ時の後方からゴツンゴツンという突き上げなど、添乗で初めて知り得たことも多い。それを操る乗務員のすごさもつくづく思い知った。
　「C62重連」——蒸気機関車シーンの最後の華というべき演目は、この数ヶ月後、1971年9月に幕を閉じたのであった。

あとがきに代えて

　北海道という地は、やはり海を隔てた向こうにある、という印象が強い。いまでこそ青函トンネルはできているけれど、かつては青函連絡船、クルマで行くときもフェリーを使わねばならず、特別な場所にちがいなかった。

　そんな北海道だったから、一度渡道すると帰りたくなくなる。ずっとこの地で暮らすのも悪くない、などと思わされたりしたものだ。そうはいっても、道内では寸暇を惜しむように走り回り、魅力的な情景、魅力的な車輌にカメラを向けた。

　なにしろ北海道は広い。A地点とB地点の間が想像していたより遥かに遠い。時としてその間にはなにもなかったりする。宗谷本線のC55を追いかけたとき、いくつもの魅力的情景に出くわしたけれど、それは250kmあまり、8時間を費やして出遇えたものである。

　C55が走っていてくれたからよかったものの、ただただ線路の端に立っていてもやってくる列車の密度は薄い。最初に北海道に渡ったとき、機関区を巡るしかなかったのも、計画の段階で無理と思い知ったからだ。沿線で列車写真を撮るには、そこに行くまでのアシ、帰りのアシ、いろいろ考えると諦めざるを得なかった、そんなことをいまさらに思い出す。

　じっさいに行ってみても、北海道の大地に対して、ひとのあまりの少なさに目を見張っていた。最初は北海道の雄大さがそう感じさせているのだ、と思っていたが次第にそうではなくて本当にひとの絶対数も少ないのだ、と理解するようになった。

　列車で移動しているときはそんなに感じてはいなかったのだが、クルマで走るようになって、いっそう実感したことだ。蒸気機関車がなくなって、近年の北海道を訪ねたりすると、もう絶望的な気持ちになったりもする。

　だって、たとえば食事をするところがない、宿泊するところがない、それ以前に道を尋ねようとしても人がいない、のである。かつては、鉄道や列車が人の集まる場所として機能していた、その重要性を改めて思ったりする。

　　　　　＊　　　　　＊　　　　　＊

　本書では全体の「流れ」からはみ出す気がして割愛した写真も少なくない。特にC5530が牽引する列車は追いかけていきたい気がしたものだが、その時は別の目的もあって、後髪状態で次を目指したのだった。その目的のひとつは丸瀬布に残っているという噂があった「雨宮21」号の存在を確かめること。なん人もの人を訪ね、ようやく事務所のプレハブのなかに押し込められている機関車を見付けた。まさしく「発見！」気分であった。北海道にはこうした行方不明の機関車も存在したのだ。

　いうまでもない、丸瀬布で復活保存運転されている機関車の復活前の姿である。そうだ、このとき一緒し、「見付けたのは僕ですからね」と鼻高々だった「汽車くらぶ」初期メンバー、寺田牧夫君が他界した。消えゆくのは蒸機だけではない。

何気ない景色が感慨深かったりする。C5530の牽く別の日の「最果て行」。

*　　　　*　　　　*

　この際だから、いくつかの当時の記録を残しておこう。このあと巡り巡って、浜中町営軌道を茶内に訪ねた。1972年5月1日に廃線式だったから、その数ヶ月後の訪問になる。遅きに失してはいたが、残された車輌など最後の姿を記録した。

　このころは興味がしだいに国鉄から中小私鉄、専用軌道というようなところまで広がっていた。ひとつにブームのようになり、蒸気機関車の周辺には多くの人が押寄せていた。

　みなさんが記録してくれるんだったら、われわれはもっと目の届いていないところにスポット当てよう。そんな気持、次第にローカルな方向に視点を移していったのだ。

　北海道にはまだまだ訪ねて見たいところがたくさんあった。時間は待ってはくれなかったのだが、それでも最後の蒸気機関車シーンに触れられた、さらには「C62重連に乗る」などという夢のようなことまでさせてもらった。多くの方への感謝とともに、こうして佳き時代を記録として残す作業ができる幸せを感じている次第だ。

2024年暮に

いのうえ・こーいち

C5530の上り「最果て発」。上は倉庫のなかで遭遇できた丸瀬布森林鉄道の「雨宮21」。上2点は廃止間もない浜中町営軌道の茶内車庫跡と動車の室内のようす。

いのうえ・こーいち 著作制作図書

- ●『世界の狭軌鉄道』いまも見られる蒸気機関車　全6巻　2018〜2019年　メディアパル
  1、ダージリン：インドの「世界遺産」の鉄道、いまも蒸気機関車の走る鉄道として有名。
  2、ウェールズ：もと南アフリカのガーラットが走る魅力の鉄道。フェスティニオク鉄道も収録。
  3、パフィング・ビリイ：オーストラリアの人気鉄道。アメリカン・スタイルのタンク機が活躍。
  4、成田と丸瀬布：いまも残る保存鉄道をはじめ日本の軽便鉄道、蒸気機関車の終焉の記録。
  5、モーリイ鉄道：現存するドイツ11の蒸機鉄道をくまなく紹介。600mmのコッペルが素敵。
  6、ロムニイ、ハイス＆ダイムチャーチ鉄道：英国を走る人気の381mm軌間の蒸機鉄道。
- ●『C56 Mogul』C56の活躍した各路線の記録、また日本に残ったうちの40輌の写真など全記録。
- ●『小海線のC56』高原のローカル線として人気だった小海線のC56をあますところなく紹介。
- ●『井笠鉄道』岡山県にあった軽便鉄道の記録。最期の日のコッペル蒸機の貴重なシーンも。
- ●『頸城鉄道』独特の車輌群で知られる新潟県の軽便鉄道。のちに2号蒸機が復活した姿も訪ねる。
- ●『下津井電鉄』ガソリンカー改造電車が走っていた電化軽便の全貌。瀬戸大橋のむかしのルート。
- ●『尾小屋鉄道』最後まで残っていた非電化軽便の記録。蒸気機関車5号機の特別運転も収録する。
- ●『糸魚川＋基隆』鉄道好きの楽園と称された糸魚川東洋活性白土専用線と台湾基隆の2'蒸機の活躍。
- ●『草軽電鉄＋栃尾電鉄』永遠の憧れの軽便、草軽と車輌の面白さで人気だった栃尾の懐かしい記録。
- ●『日本硫黄 沼尻鉄道』鉱石運搬につくられた軽便鉄道の晩年を先輩、梅村正明写真で再現する。
- ● 季刊『自動車趣味人』3、6、9、12月に刊行する自動車好きのための季刊誌。肩の凝らない内容。

宗谷本線のC55、北海道のD50、C62重連に乗る　鉄道趣味人17「北海道2」

発行日	2025年1月20日 初版第1刷発行
著者兼発行人	いのうえ・こーいち
発行所	株式会社こー企画／いのうえ事務所 〒158-0098　東京都世田谷区上用賀3-18-16 PHONE 03-3420-0513 FAX 03-3420-0667
発売所	株式会社メディアパル（共同出版者・流通責任者） 〒162-8710　東京都新宿区東五軒町6-24 PHONE 03-5261-1171 FAX 03-3235-4645
印刷 製本	株式会社JOETSUデジタルコミュニケーションズ

© Koichi-Inouye 2025

ISBN 978-4-8021-3506-1　C0065
2025 Printed in Japan

◎定価はカヴァに表示してあります。造本には充分注意しておりますが、万が一、落丁・乱丁などの不備がございましたら、お手数ですが、発行元までお送りください。送料は弊社負担でお取替えいたします。

◎本書の無断複写（コピー）は、著作権法上での例外を除き禁じられております。また代行業者に依頼してスキャンやデジタル化を行なうことは、たとえ個人や家庭内での利用を目的とする場合でも著作権法違反です。

著者プロフィール

いのうえ・こーいち　（Koichi-INOUYE）

岡山県生まれ、東京育ち。幼少の頃よりのりものに大きな興味を持ち、鉄道は趣味として楽しみつつ、クルマ雑誌、書籍の制作を中心に執筆活動、撮影活動をつづける。近年は鉄道関係の著作も多く、月刊「鉄道模型趣味」誌に連載中。主な著作に「C62 2 final」、「D51 Mikado」、「世界の狭軌鉄道」全6巻、「図説電気機関車全史」（以上メディアパル）、「図説蒸気機関車全史」（JTBパブリッシング）、「名車を生む力」（二玄社）、「ぼくの好きな時代、ぼくの好きなクルマたち」「C62／団塊の蒸気機関車」（エイ出版）、「フェラーリ、macchina della quadro」（ソニー・マガジンズ）など多数。また、週刊「C62をつくる」「D51をつくる」（デアゴスティーニ）の制作、「世界の名車」、「ハーレーダビッドソン完全大図鑑」（講談社）の翻訳も手がける。季刊「自動車趣味人」主宰。株）いのうえ事務所、日本写真家協会会員。

連絡先：mail@tt-9.com

著者近影　　撮影：イノウエアキコ